Consistoire Central

des

Israélites de France

***

Mort de M. Lazare ISIDOR

GRAND RABBIN DU CONSISTOIRE CENTRAL
DES ISRAÉLITES DE FRANCE

***

ORAISONS FUNÈBRES ET DISCOURS

CONSISTOIRE CENTRAL

DES

ISRAÉLITES DE FRANCE

CONSISTOIRE CENTRAL

DES

ISRAÉLITES DE FRANCE

Mort de M. Lazare ISIDOR

GRAND RABBIN DU CONSISTOIRE CENTRAL
DES ISRAÉLITES DE FRANCE

ORAISONS FUNÈBRES ET DISCOURS

PARIS

MAISON QUANTIN
COMPAGNIE GÉNÉRALE D'IMPRESSION ET D'ÉDITION
7, RUE SAINT-BENOIT

ORAISON FUNÈBRE DE M. LAZARE ISIDOR

GRAND RABBIN DE FRANCE

PRONONCÉE PAR M. ZADOC KAHN

Grand rabbin de Paris.

MES FRÈRES,

Le livre de nos traditions raconte que, le jour où mourut Rabbi Jochanan, un de nos plus grands docteurs, qui exerça une influence décisive sur les destinées du judaïsme, ses contemporains lui appliquèrent ces paroles de l'Écriture : עזה כמות אהבה .... מים רבים לא יוכלו לכבות את האהבה « Puissant comme la mort est l'amour, les flots les plus violents ne sauraient éteindre l'amour [1]. » Parce que Rabbi Jochanan avait aimé la Thora d'un amour sans bornes, parce qu'il avait aimé son culte, son peuple, ses semblables, sa disparition provoquait des regrets universels, et il laissait dans les cœurs un souvenir inoubliable.

Mes frères, au moment où j'ai la douloureuse mission de prendre la parole dans ce temple drapé de noir, en face de ce cercueil où reposent les restes inanimés du cher et vénéré pasteur que nous avons perdu, je ne trouve pas d'ex-

---

1. *Vayyikra rabba*, chap. xxx, d'après Cant., VIII, 6, 7.

pressions plus propres à exprimer nos regrets et la grandeur de la perte que la Providence vient de nous infliger. Le chef suprème du rabbinat français, le premier pasteur de nos communautés, a été si vivement aimé et il est si sincèrement pleuré parce que lui-même était tout amour, parce qu'il aimait au delà de toute expression le judaïsme, la patrie et l'humanité.

Il me serait impossible, mes frères, à cette heure où nous sommes encore sous la première impression du deuil qui nous a frappés, de retracer la vie si admirablement remplie de Lazare Isidor, et de rendre à sa mémoire un hommage digne de lui; je n'aurais ni la force ni la liberté d'esprit qui seraient nécessaires pour cette œuvre de justice et de reconnaissance. Votre cœur suppléera à ce qu'il y aura d'insuffisant dans mes paroles; d'ailleurs, un avenir, peut-être prochain, fera paraître dans leur vrai jour les mérites de celui que nous pleurons. Pour le moment, quelques traits suffiront pour caractériser en lui l'homme et le pasteur. Je me bornerai donc à vous montrer que, dans ses paroles comme dans ses actes, dans son éloquence comme dans sa vie, éclatent ces trois grandes et généreuses passions : l'amour du judaïsme, l'amour de la France et l'amour des hommes.

MES FRÈRES,

Ceux qui ont eu le bonheur d'entendre le grand rabbin Isidor du haut de la chaire n'ont pas oublié l'effet extraordinaire que produisait sa parole. Il possédait les vrais dons de l'orateur : la fougue de la passion, la chaleur entraînante, l'émotion communicative. Il sentait si fortement, et savait trouver de tels accents pour rendre ce qu'il sentait, qu'il était impossible de rester froid devant cette flamme qui se répandait comme d'un foyer. Il s'ouvrait violemment, mais sûrement, les cœurs. On pouvait, de temps en temps, désirer un peu plus de rigueur dans l'enchaînement de ses idées et trouver son éloquence un peu heurtée; mais comment s'arrêter à ces détails? Dès le début, on était subjugué par ces mouvements passionnés qu'une voix puissante et un geste énergique rendaient encore plus irrésistibles. On suivait l'orateur, transporté, haletant, jusqu'au moment où, arrivé au bout de ses développements, il ramassait ses efforts pour frapper les derniers coups et porter l'émotion à son comble. Lorsqu'enfin il étendait les mains pour prier et pour bénir et mettait tout son cœur dans cette prière et cette bénédiction, aucun œil ne restait sec, et les âmes se sentaient remuées jusqu'au fond, élevées et améliorées.

Tel il était dans ses sermons, tel il était dans ses discours de circonstance et les allocutions qu'il a prononcées par centaines à l'occasion des événements les plus divers : dans les assemblées de charité, dans les réunions des sociétés de bienfaisance, dans les fêtes scolaires où il parlait si bien à la jeunesse, dans les deuils de famille où son éloquence émue, en faisant couler les larmes, mettait comme un baume sur les plus cruelles blessures. Tel il était aussi dans les lettres pastorales qu'il adressait de temps en temps aux pasteurs et aux fidèles, et qu'il rédigeait avec son cœur plus qu'avec sa plume. C'étaient des discours écrits autant que des lettres, et des actes autant que des discours.

Quelles étaient, mes frères, les sources auxquelles s'alimentait cette rare et vigoureuse éloquence? Tout d'abord l'amour ardent du judaïsme. Avec quel enthousiasme il déroulait les archives de son passé, montrant la grandeur du rôle que la Providence lui a assigné dans l'histoire des idées et des principes, l'éclat des services qu'il a rendus à l'humanité, faisant ressortir cette merveilleuse vitalité qui lui a permis de voir tomber à ses côtés les empires les plus puissants, sans être ébranlé par leur chute! Avec quel noble orgueil il exposait la simplicité, la clarté lumineuse de nos dogmes, la pureté de notre morale, la beauté touchante et poétique de nos cérémonies religieuses, de nos fêtes, de nos prières! Il était fier de ce judaïsme qu'il avait pour mission de prêcher, et il ne pouvait admettre qu'aucun Israélite fût indifférent à tant de titres d'honneur consacrés par les siècles.

Parfois il lui arrive de rencontrer sur son chemin des préjugés, des accusations injurieuses tendant à rabaisser le judaïsme. C'est la destinée de notre culte, et cela remonte bien haut dans l'histoire, d'être sans cesse méconnu, comme si toute supériorité morale était condamnée à soulever les injustices des hommes. Quand Lazare Isidor se trouve en face d'une de ces injustices, oh! alors, il proteste avec énergie, et son indignation, sa douleur, se font jour dans des apostrophes dignes des prophètes d'Israël. Pouvait-il en être autrement? Lorsqu'on a l'honneur insigne d'être ministre du culte israélite, lorsqu'on s'est nourri dès l'enfance de la moelle de son enseignement, et qu'on sait, dans le secret de sa conscience, que notre doctrine religieuse et morale peut s'avouer à la face du ciel, car elle signifie avant tout amour de Dieu, amour des hommes, pureté des mœurs, sainteté du devoir, il est dur de voir décrier ce que l'on aime, rabaisser ce qui mérite d'être exalté, et l'on ne peut pas ne pas flétrir des condamnations prononcées à la légère par une ignorance prétentieuse ou un parti pris de haine et de malveillance.

Ce n'est pas que le grand rabbin Isidor fût jamais agressif en faisant l'apologie du judaïsme. Il ménageait les adversaires qu'il croyait de son devoir de combattre, et, surtout, il respectait les autres religions, de même qu'il réclamait respect et justice pour sa religion à lui. Les croyances qui se partagent l'empire des âmes dans le monde civilisé ne sont-elles pas filles du judaïsme et comme la chair de notre chair? Ne sont-elles pas professées par des hommes qui sont deux fois nos frères, parce qu'ils sont des hommes et parce qu'ils sont des concitoyens, enfants de la même patrie?

C'était là une autre de ses grandes passions. Il adorait la France, et cela se comprend à merveille : il était Alsacien et il était juif! Né dans les premières années de ce siècle, il avait assisté à la magnifique floraison du judaïsme français s'épanouissant et se développant au souffle de lois libérales et réparatrices. Il en était reconnaissant à la France, et sa reconnaissance s'élevait jusqu'au lyrisme. C'est un thème qui revenait à tout instant dans ses manifestations oratoires ; il ne se lassait pas de parler de son pays, comme on ne se lassait pas de l'entendre. De quel ton pénétré il glorifiait le drapeau de la France, symbole des idées de justice, de liberté, de tolérance et de progrès! Avec quelle piété enflammée il rappelait les hauts faits accomplis par notre nation dans l'intérêt de l'humanité, et revendiquait pour elle une place éminente dans la reconnaissance de l'histoire!

Aussi sa douleur fut immense lors des désastres qui s'abattirent sur la France au cours de l'année néfaste. Il ne s'en consola jamais. Et s'il applaudit souvent au magnifique relèvement qui, contre toute espérance, fit recouvrer si vite à notre pays le rang qui lui appartient dans le concert des nations, il ne pouvait cependant détourner les regards de ce qu'il appelait la plaie toujours saignante, et, comme tant d'autres meurtris dans leurs plus chers sentiments, il souffrait d'être devenu un étranger sur le sol natal.

L'amour de son culte et de son pays ne lui faisait pas oublier ce que l'on doit à l'humanité. Jamais on n'a mieux parlé que lui des devoirs de la charité, des liens qui unissent les hommes entre eux et les confondent en une seule famille. « Le soleil, disait-il, répand indistinctement ses rayons bienfaisants sur les grands et les petits, les riches et les pauvres; Dieu les embrasse tous dans son amour paternel. De quel droit traiterions-nous en ennemis ou en étrangers ceux qui ont la même origine que nous et adorent le même père céleste? »

Tel était, mes frères, l'enseignement de notre vénéré grand rabbin. Mais de lui aussi on pouvait dire comme de ce sage du Talmud : נאה דורש ונאה מקיים « Il pratiquait ce qu'il enseignait si bien. » Attaché de toutes les forces de son âme au judaïsme, il était le gardien zélé de son honneur; il se montrait jaloux de son bon renom, vigilant défenseur de ses droits, dévoué à ses intérêts. De là son attitude dans la question si connue du serment *more judaïco*.

Alors qu'il était tout jeune pasteur, à peine sorti des bancs de l'école, il eut le courage de s'élever hautement contre cet usage dégradant, triste débris d'un triste passé, qui voulait que le serment prêté par un Israélite devant la justice de son pays fût entouré de garanties particulières. Il repoussait cette humiliation infligée à des citoyens français, car c'était suspecter leur bonne foi, c'était dire que le serment légal n'engageait pas la conscience de ceux à qui le troisième commandement du Décalogue enseignait la sainteté absolue de tout serment.

Il lutta donc avec une noble obstination contre cette flagrante inégalité, et, secondé par la voix éloquente d'un des maîtres du barreau français, de Crémieux, il eut l'honneur et le bonheur de voir triompher la cause du droit et disparaître le dernier vestige d'une pratique condamnée par la raison et l'équité. S'il est vrai, comme on l'a dit, que ce remarquable incident appela l'attention publique sur le

jeune et vaillant pasteur, ce ne fut que la juste récompense
d'un acte de courage autant que de patriotisme.

C'est parce que Lazare Isidor aimait passionnément le
judaïsme qu'il fut heureux d'obtenir la direction religieuse
de la grande communauté de Paris et, plus tard, celle du
judaïsme français. La tâche était considérable, digne d'exciter l'ambition d'un homme de cœur et de foi ; elle n'était
pas au-dessus de ses forces, et il s'y consacra tout entier. Il
mit en œuvre tout ce qui pouvait contribuer à grandir le
judaïsme, à le pousser dans la voie du progrès sans porter
atteinte à ses vénérables traditions, ni compromettre ce qu'il
prisait par-dessus tout : la concorde et la paix. Rehausser la
dignité de son culte public, revêtir ses cérémonies des formes
les plus imposantes, propager la connaissance de ses doctrines et de ses idées, multiplier le nombre de ses guides
spirituels, tel était le programme auquel il s'appliqua avec
persévérance. Il témoignait de l'importance qu'il attachait à
l'instruction religieuse de la jeunesse en visitant fréquemment nos plus modestes écoles, en prodiguant ses encouragements aux élèves et aux maîtres. Il donnait tous ses soins
à notre Talmud-Thora, qui fut en grande partie son œuvre,
et où nous prenons à tâche d'allier la culture classique à
l'étude des sciences religieuses. Il entourait d'une sympathie
toute particulière notre séminaire rabbinique et rendait sans
cesse nos futurs pasteurs attentifs à la grandeur comme aux
difficultés, aux devoirs comme aux satisfactions du ministère sacré. Pour donner une idée des nobles préoccupations
qui ne le quittaient jamais, il suffirait de mentionner la
création la plus récente et la plus originale peut-être due à
son initiative : celle des missions rabbiniques. Il existe en
France d'humbles communautés dont les ressources sont trop
limitées pour avoir à leur tête un ministre de la religion.
Voulant venir en aide à ces communautés déshéritées, qu'il

lui était pénible de savoir livrées à elles-mêmes sans aucune direction religieuse, il adressa un chaleureux appel au judaïsme français. Sa voix fut écoutée comme toujours, et il put, grâce à des concours généreux, supprimer une lacune qu'il déplorait et assurer, au moins de temps en temps, les bienfaits de la parole de Dieu à tous les centres de population israélite.

D'ailleurs, il ne se ménageait pas lui-même. « Appelé par la Providence à la tête du rabbinat français, je me dois, disait-il, à toutes les communautés. » Tant que l'état de sa santé le permit, il multiplia ses visites pastorales. Il se rendait compte des besoins de chaque communauté, étudiait ses institutions, constatant le bien avec une satisfaction profonde, rendant justice aux efforts sincères, relevant les courages et enflammant les âmes pour la charité, pour l'instruction et pour le travail. Son arrivée était considérée chaque fois comme une fête, et il répandait en tous lieux des semences destinées à germer et à produire d'heureuses moissons.

C'est parce qu'il aimait la France qu'il était heureux de s'asseoir dans les conseils où se réglaient des questions intéressant la grandeur et l'avenir de notre pays, notamment dans le conseil supérieur de l'instruction publique et dans le conseil supérieur des prisons. Partout il était à sa place, partout il apportait le concours apprécié de son esprit lumineux et réfléchi, de son expérience consommée, de son exquis bon sens et de son infatigable activité. Ses collègues le respectaient et l'aimaient. On ne pouvait pas ne pas être sous le charme de son caractère conciliant et affectueux, de son doux sourire, de sa dignité simple et sans prétention, et surtout de son amour du bien public. S'agissait-il d'une infortune nationale à soulager ou d'un grand acte patriotique à accomplir, on était sûr de le trouver au nombre des plus empressés, mettant toute son influence et son autorité au service du

pays. Il fit partie jusqu'au dernier jour du conseil de direction de la Ligue de la paix, et, en cela encore, il était guidé
par l'amour de la patrie et il se montrait le fidèle disciple
des prophètes de la Bible. Comme eux il pensait, — et il l'a
dit une fois dans une réunion mémorable où il remporta
un véritable triomphe oratoire, — que les peuples ont mieux
à faire que de menacer réciproquement leur sécurité et leur
indépendance, et de déchaîner sur l'humanité les maux qui
sont la conséquence forcée des rivalités nationales et de la
guerre ; il appelait de tous ses vœux le jour béni de la récon-
ciliation, de la fraternité universelle succédant enfin à tant
de haines, de défiances et de désastres. C'était peut-être une
illusion, mais c'est la gloire du judaïsme d'avoir ouvert cette
perspective consolante sur l'avenir, et c'est un honneur pour
Isidor d'avoir fait entendre le langage des prophètes dans
ces temps troublés, où le bruit des armes domine tous les
autres.

Mais nulle part l'activité pastorale de notre regretté grand
rabbin ne se déploya plus brillamment que dans le vaste
champ de la charité et de l'humanité. Là il a vraiment opéré
des miracles et forcé l'admiration de tous ceux qui l'ont vu
à l'œuvre. Jadis, mes frères, le rabbin pouvait se renfermer
dans le silence studieux de son cabinet, s'adonner avec suite
à l'étude des livres saints et des monuments de la tradition,
pour porter ensuite dans la chaire le fruit de ses méditations
solitaires. Le monde extérieur existait à peine pour lui, et
les bruits du dehors expiraient au seuil de sa demeure. Sa
vie était presque toute spéculative ; rarement il était solli-
cité par les nécessités de l'action. Le judaïsme, dans des
temps qui ne sont pas encore loin derrière nous, a connu et
vénéré beaucoup de ces pasteurs admirables de simplicité,
d'abnégation, d'effacement volontaire et, je ne crains pas de
le dire, de sainteté. Aujourd'hui, les circonstances imposent

au rabbin un rôle tout différent. Il est obligé de se dépenser davantage au dehors et appartient aux autres plus qu'à lui-même. A peine si les journées comptent assez d'heures pour suffire à la tâche multiple qui pèse sur lui. Nous pouvons le regretter ; mais le devoir est là pressant et impérieux qui nous appelle, et il n'est pas permis de s'y dérober. Heureux du moins celui dont le dévouement, sans cesse mis à contribution, est capable de tous les efforts, et dont l'activité est assez puissante pour donner satisfaction à tous les intérêts !

Je viens de tracer là, mes frères, le tableau de la vie de Lazare Isidor. Il reconnaissait, lui, les exigences de sa haute situation. Il était, d'ailleurs, merveilleusement doué pour agir. Se dévouer aux autres, rendre service, était un besoin de sa nature. Il semblait ne pas connaître la fatigue. La communauté de Paris était déjà fort importante quand il en prit la direction. Il la remit à son successeur considérablement agrandie, enrichie de nombreuses institutions qui sont aujourd'hui pour nous un véritable titre d'honneur. Toutes sans exception, on peut l'affirmer, ont bénéficié de son action bienfaisante. Il en est qu'il a provoquées par son initiative hardie autant que bien inspirée ; il en est d'autres que sa légitime influence, son autorité respectée de tous, sa parole chaude et éloquente ont élevées à un degré de prospérité inconnu avant lui. Il faisait partie de toutes nos administrations. Pas une de nos sociétés de bienfaisance, si heureusement multipliées, qui n'ambitionnât le privilège de le voir à sa tête. Sa présence était pour elles une récompense, un encouragement, une bénédiction. Lorsqu'il abandonna la direction de la communauté parisienne pour prendre en main celle du judaïsme français, il pouvait, certes, jeter un regard satisfait sur le chemin parcouru et les résultats conquis. Il aurait eu alors le droit de se reposer, de se désintéresser un peu plus de la marche de nos établissements. Mais c'eût été mal le connaître que de croire que son zèle pour le bien pût se ralentir et son besoin d'activité s'imposer des entraves.

A côté de la charité officielle et publique, la charité privée, celle qui ne s'adresse pas uniquement aux pauvres, mais à tous les souffrants : Lazare Isidor était le meilleur ami de nos familles. Favorisé d'une mémoire extraordinaire, il les connaissait toutes jusque dans leurs dernières ramifications. Pendant quarante années, il s'est trouvé mêlé à leurs joies et à leurs tristesses. Dans les circonstances les plus critiques, il a été leur confident intime. Il est des douleurs cachées qui se dérobent aux regards comme retenues par une sainte pudeur, et qui ont besoin pourtant, pour ne pas devenir un fardeau trop lourd à porter, de s'épancher dans une oreille qui puisse tout entendre. Il a été cet ami des heures de tristesse et d'angoisse. On ne saura jamais ce qu'il a adouci d'épreuves et soutenu d'âmes près de ployer sous la charge. On ne saura jamais combien de nos familles dans la peine il a relevées discrètement, dont il a sauvé l'honneur compromis ou la sécurité menacée. Ce sont les mystères de la charité, connus de Dieu seul.

Sa bonté était si prévenante, son abord si cordial, son indulgence si inépuisable ! Les plus humbles étaient à l'aise en sa présence. Il accueillait avec empressement quiconque avait besoin d'un conseil, d'un secours, d'une démarche. Aussi était-il vraiment populaire dans cette grande ville où les enfants mêmes le connaissaient et le saluaient avec respect. Toutes les portes s'ouvraient devant lui. On s'inclinait devant ce ministre de Dieu qui, dans une situation si élevée, unissait tant de modestie à tant de cœur et ne dédaignait pas de plaider la cause des petits et des malheureux. Qu'il réalisait bien le type du prêtre, de celui que nos livres saints comparent à un « ange du Seigneur », envoyé sur terre pour panser les blessures et consoler les douleurs !

Je n'ai pas besoin d'ajouter que sa charité n'avait rien d'étroit ni d'exclusif. On s'adressait à sa protection de Paris ; on s'adressait à lui de la France et de l'étranger. Les pauvres de tous les cultes connaissaient le chemin de sa maison et faisaient avec confiance appel à son cœur. Le malheur ne se préoccupe pas des différences de croyance, d'origine, de nationalité : il va là où il espère trouver une bonne parole et une âme compatissante. Grâce à Dieu, le cœur non plus n'admet aucune distinction entre les hommes. Souffrir, être malheureux, est un titre suffisant à la pitié, au respect et aux sacrifices de la charité.

Mes frères, lorsque j'ai eu le périlleux honneur de succéder à Lazare Isidor sur ce siège rabbinique qu'il a entouré de tout le prestige de son noble caractère et des services rendus, j'étais justement effrayé de l'immensité de la tâche que je devais continuer après lui. Ses encouragements paternels ont seuls dissipé mes appréhensions. Il avait d'ailleurs frayé la voie et, pour réussir, il n'y avait qu'à suivre ses traces et à s'inspirer de ses exemples. Puis il était là, homme de bon conseil, plein de sagesse, d'expérience et de tact. Lorsque j'avais à résoudre une question délicate, difficile, comme il en surgit si souvent dans les temps où nous vivons, j'allais le consulter sans la moindre hésitation, et, avec son esprit fin et pénétrant, sa prudence rarement en défaut, sa connaissance profonde des hommes et des choses, il ne manquait jamais d'indiquer la solution juste et de concilier des exigences qui paraissaient contradictoires. Ce qu'il a été pour moi, un guide, un conseiller, un ami, un père, il l'a été pour tous les membres du rabbinat français. Seulement mes collègues devaient se contenter des lettres qu'il leur adressait de loin, de ces lettres pleines de grâce, de mouvement et d'abondance comme il savait les écrire et qui sont des chefs-d'œuvre de style épistolaire, tandis que nous, à Paris, nous avions le bonheur de le voir et de l'entendre, d'être en contact journalier avec lui et en mesure de jouir de sa conversation vive, animée, toujours instructive et réconfortante.

Depuis quelques années, il est vrai, sa santé était gravement altérée, ses facultés elles-mêmes avaient subi quelques atteintes. Mais il vivait, il était toujours là avec son bon sourire et sa parole affectueuse. Nous aimions à nous grouper autour de sa personne, à l'entretenir des graves intérêts dont il ne pouvait plus s'occuper activement, mais qui lui étaient toujours chers. Nous le considérions comme notre lien, notre centre, notre drapeau. Obtenir son approbation était notre plus douce récompense. Et maintenant tout est fini : nous nous trouvons réunis autour d'un cercueil! Ah! grande est notre affliction, et il nous coûte de nous séparer de celui que nous aimions de tout notre cœur. Quant à moi, je pleure à la fois un maître vénéré et un ami auquel m'attachaient les liens de la plus sincère reconnaissance.

Mais j'ose à peine parler de ma douleur personnelle en présence de la famille de Lazare Isidor, qui perd tant en perdant celui qui était son orgueil et sa couronne, à la pensée de la femme de cœur qui a été sa vaillante compagne, qui, pendant trente années, a vécu à ses côtés, s'associant à ses bonnes œuvres et remplissant à son égard le rôle d'une providence bienfaisante; de son fils chéri qui tient de lui un nom glorieux, lourd à porter et qu'il portera dignement; de sa fille qui a hérité de sa bonté, de sa douceur, de son cœur; de ses petits-enfants et arrière-petits-enfants qu'il a vus grandir autour de lui, formant comme un diadème charmant à sa vieillesse ; de tant de ses proches qui étaient fiers de lui être quelque chose par les liens de la parenté. Ah ! je me permets de le dire, la famille de Lazare Isidor aura toujours une grande place dans nos affections et dans nos respects, et nous n'oublierons pas la dette immense de gratitude que nous avons contractée envers notre illustre pasteur.

Mais notre communauté parisienne, elle aussi, est plongée dans le deuil ; le judaïsme français tout entier est frappé et partage nos regrets. Vous le voyez bien par la présence de ces membres du rabbinat, de ces chefs de consistoires et de communautés qui sont accourus, au premier appel, de tous les points de la France pour faire de dignes funérailles au pasteur qui nous a quittés. Il y a d'autres communautés qui ne sont pas représentées ici, que nous ne pouvions pas convier à cette triste cérémonie par un sentiment de réserve et de convenance trop facile à comprendre ; mais soyez sûrs qu'elles sont avec nous par la pensée ; car Isidor a été long-temps leur chef spirituel, car dans toute l'Alsace-Lorraine, je le sais, étant son compatriote, il était vénéré comme l'idéal même de la bonté, de la piété et de la charité, comme le plus noble représentant du judaïsme. Aussi leurs prières se confondent-elles en ce moment avec nos prières et leurs regrets avec nos regrets.

Notre perte à tous est grande, mes frères, immense. Mais ce qui console un peu notre douleur, c'est que Lazare Isidor a supérieurement rempli sa tâche et accompli son œuvre. Son nom mérite d'être inscrit à côté des rabbins d'heureuse mémoire qui l'avaient devancé sur le plus haut siège du rabbinat français. Le judaïsme de notre pays a eu le bonheur de posséder successivement à sa tête (pour ne parler que des contemporains de Lazare Isidor) des pasteurs

distingués par leurs vertus et qui ont fait honneur à leur
culte, les Marchand Ennery, les Salomon Ulmann. Comme
eux, il a fidèlement servi le judaïsme, comme eux il s'est
acquis des titres à notre éternelle reconnaissance. « Unis
pendant leur vie dans une œuvre commune de foi, d'amour
et de dévouement, ils ne seront pas séparés dans le souvenir ému qui leur restera fidèle dans la tombe[1]. »

Ce qui nous console encore, c'est que nous ne l'avons
pas complètement perdu. Son enseignement nous reste, son
exemple lui survit. Nous entendrons toujours vibrer dans
nos cœurs les paroles par lesquelles il nous dirigeait dans la
voie du bien, de la vérité et de la religion. Vous surtout,
chers élèves du séminaire, espoir du judaïsme français,
vous n'oublierez pas les sympathies qu'il vous témoignait
et l'ambition qu'il nourrissait pour votre avenir. Efforçons-
nous, mes frères, d'aimer toujours et de servir, comme
il le faisait lui-même, le judaïsme, la patrie et l'humanité.

Nous venons de célébrer notre solennel jour de Kippour, qui a pour effet de nous réconcilier avec Dieu et de
nous assurer son pardon. Ce n'est pas par quelque sortilège
secret, mais uniquement parce que le Kippour nous incline
aux réflexions sérieuses et ouvre dans notre âme la source des
émotions fécondes et des résolutions viriles et généreuses. La
mort des justes, disent nos sages, nous attire également le
pardon de Dieu :

כשם שיום הכפורים מכפר כך מיתתן של צדיקים מכפרת[2],

C'est que la mort de ceux qui ont été nos guides et nos
modèles a une éloquence qui parle d'elle-même. Une
voix sort de ce cercueil que nous arrosons de nos larmes

<hr>

1. II Samuel, I, 23.
2. *Vayyikra rabba,* chap. xx

et nous dit : « Aimez ce que j'ai aimé, pratiquez ce que j'ai pratiqué. C'est la meilleure manière d'honorer ma mémoire et de perpétuer mon nom. »

Ah ! cher et vénéré maître, vous avez consacré cinquante années de votre vie au service de votre culte, de votre pays et de vos semblables. Nous ne l'oublierons jamais. Nous penserons à vous dans toutes les difficultés de l'existence. Instruits par votre exemple, animés par votre voix, nous aurons à cœur de continuer l'œuvre à laquelle vous vous êtes dévoué, et nous nous défendrons contre toute défaillance en invoquant votre souvenir comme un encouragement, une leçon et une sauvegarde. Et vous sourirez à nos efforts du sein de l'éternité bienheureuse. *Amen.*

ALLOCUTION

PRONONCÉE PAR M. MICHEL MAYER

Rabbin adjoint à M. le grand rabbin de Paris.

———

Mes chers Frères,

Notre pasteur n'est plus, et nous le pleurons, non seulement depuis trois jours, mais, hélas! depuis trois à quatre ans déjà; car, si, jusqu'à son dernier jour, il avait conservé son affabilité, sa bonté, depuis quelque temps nous avions la douleur de voir décroître ses forces, la vigoureuse et surprenante activité qu'il a déployée dans sa longue et glorieuse carrière.

Tous, nous pouvons nous écrier : נפלה עטרת ראשנו « La couronne est tombée de notre tête ! » Le grand rabbin Isidor a été, dès son jeune âge, la couronne d'un grand nombre de communautés pieuses de la Lorraine, puis il a été la couronne de la Communauté de Paris et il est devenu le chef vénéré du judaïsme français.

Et maintenant notre pasteur bien-aimé disparaît de devant nos yeux.

הצדיק אבד

« Le juste est mort » et il n'est point de cœur qui n'en soit profondément affligé.

En réfléchissant cependant que rien ici-bas n'est immuable et que là-haut, dans la patrie des âmes, est la véritable vie, nous rendons grâce à Dieu de nous l'avoir donné,

pendant plus d'un demi-siècle, comme l'interprète de sa loi, comme le ministre de sa bonté.

Je n'entreprends pas de faire son éloge. Cet éloge, mes frères, vient de vous être magistralement et dignement retracé par une bouche plus éloquente et plus autorisée que la mienne; cet éloge est inscrit en lettres d'or dans l'histoire de notre communauté, il est gravé en caractères ineffaçables dans tous les cœurs; car le grand rabbin Isidor était aimé de tous.

Je viens seulement, comme un de ses plus anciens collaborateurs de la communauté de Paris, en mon nom, au nom de mes collègues, et surtout au nom de tous les fidèles du temple où, dans les dernières années de sa vie, il a journellement prié avec nous et dont il était l'ornement ainsi que la force, je viens déposer sur son cercueil un profond hommage de regret, d'affection, de vénération.

Mais le meilleur hommage à lui rendre, c'est de nous souvenir de lui, de sa parole émouvante, c'est de nous rappeler ses conseils et son exemple, pour nous livrer, avec une ardeur de plus en plus grande, avec un dévouement de plus en plus persévérant, aux œuvres de charité et de piété. Voilà le monument que nous voulons lui élever pour transmettre son nom à la vénération de la postérité.

Que son nom, que son souvenir soit béni!

Que sa digne et vaillante compagne soit consolée, que sa fille et son fils, justement fiers de sa vie si belle et si bien remplie, soient résignés! Que tous, mes frères, nous soyons fortifiés en Dieu! *Amen.*

DISCOURS

DE M. LE BARON ALPHONSE DE ROTHSCHILD

Président du Consistoire central des Israélites de France.

MESSIEURS,

Toutes les communautés de la France sont plongées
dans un deuil profond, et l'affliction parmi elles est générale. Le grand rabbin Isidor, notre pasteur vénéré, celui
qui, pendant de longues années, nous a dirigés dans les voies
de la vertu et de l'honneur, nous instruisant par ses discours et par ses exemples, a été rappelé à Dieu. Notre douleur est d'autant plus vive que, en perdant notre chef religieux, nous sentons que nous avons perdu notre soutien
dans les épreuves de la vie, l'ami prêt à tous les dévoue-
ments, toujours porté à l'indulgence, qui prenait sa part de
nos joies et de nos tristesses, compatissant à toutes les mi-
sères humaines, celui dont la parole chaude, vibrante, cordiale, savait à la fois émouvoir les âmes et porter la consolation dans le cœur des affligés. Une voix éloquente que
vous venez d'entendre a retracé avec une émotion que nous
partageons la vie, les actes de notre vénéré grand rabbin.
Elle vous l'a montré tel qu'il était dans l'accomplissement
du ministère sacré dont il était investi : simple de cœur,
ardent dans sa foi, plein de tolérance. Cet éloge funèbre,

digne de celui qui était à la tête du rabbinat français, répondait, à la fois, et aux sentiments d'affection et de respect que nous lui portions, et au désir que nous éprouvions d'honorer par un hommage public tant de piété, tant de vertus et de si grands services rendus. Il m'appartient à moi, comme président du Consistoire central des Israélites de France, de venir, en son nom, joindre l'expression de nos regrets à ceux qui éclatent de toutes parts. Le grand rabbin Isidor avait pris dans notre Consistoire, en dehors même de son caractère religieux, une place toute personnelle. Son esprit ferme et droit, pénétré des vraies traditions de notre religion, qui sait se plier aux exigences de la société moderne, et sa connaissance approfondie des besoins du judaïsme français éclairaient nos discussions et nous rendaient facile la solution des questions les plus délicates. Le vide qu'il laisse dans nos conseils ne saurait être comblé. Devant ce cercueil, notre douleur est poignante, et c'est avec une tristesse profonde que nous disons un dernier adieu à notre grand rabbin, au chef vénéré de toutes les communautés israélites de France, serviteur du Dieu d'Israël, dont il fut auprès de nous le représentant fidèle et dévoué. Que son âme repose en paix !

DISCOURS

DE M. LE GRAND RABBIN TRENEL

Directeur du Séminaire israélite.

Je viens, à mon tour, remplir un triste devoir, en rendant les derniers hommages à notre cher et vénéré grand Rabbin.

Je dois au privilège de l'âge d'avoir porté le premier le titre si honorable de rabbin adjoint au grand rabbin de Paris, et d'avoir ainsi, au début de ma carrière, été associé à l'œuvre pastorale de M. le grand rabbin Isidor. Dans une collaboration intime de plusieurs années, il m'a été donné d'apprécier la noblesse de son caractère, et d'admirer ses rares et brillantes qualités de cœur et d'esprit. Un des bonheurs de ma vie a été de pouvoir, jeune encore, le seconder dans ses travaux, et concourir, obscurément à ses côtés, à l'accomplissement des grands devoirs dont il avait la charge, et dont il a toujours su s'acquitter avec tant d'éclat.

Il ne m'appartient pourtant pas de parler de ses mérites comme pasteur et chef religieux. Je ne pourrais qu'affaiblir ce qui vient de vous être dit avec tant d'autorité et une si magistrale éloquence. Si je prends la parole en ce moment, c'est en ma qualité de directeur du Séminaire israélite et du Talmud Thora, et au nom du personnel enseignant de ces deux importantes écoles. A l'exemple de son vénéré prédécesseur, Salomon Ulmann, M. Isidor, devenu grand rabbin du Consistoire central, a été le guide et le

conseil des maîtres et des élèves. Président de la commis-
sion administrative pendant plus de vingt ans, il a suivi et
surveillé, avec toute son intelligence et une compétence
rare, la marche de nos études et le travail des élèves. Il
s'est associé, quand il ne les a pas provoquées lui-même, à
toutes les mesures qui pouvaient intéresser le développement des études religieuses, scientifiques et littéraires. Fon-
dateur du Talmud-Thora et réorganisateur du Séminaire,
une grande part lui revient dans tout ce qui a valu à ces
importantes écoles le renom dont elles jouissent et la confiance qu'elles inspirent.

Que dirai-je de son influence morale et de son autorité
sur nos jeunes gens? Les premières espérances de talent,
les promesses d'avenir l'enchantaient et le rendaient heureux. Depuis leur entrée, encore enfants, au Talmud Thora
jusqu'à leur sortie du Séminaire, à la veille d'exercer eux-
mêmes le ministère sacré, il prodiguait à nos élèves, à ses
chers élèves, comme il les appelait, toute son amitié, toute
sa tendresse. Il ne voulait pas entendre parler de sévérité ;
elle lui était antipathique. Bonne et heureuse nature, il ne
la croyait jamais nécessaire ! J'ai souvenir, permettez-moi
de rappeler ce détail tout d'intérieur, j'ai souvenir de
l'avoir vu, il y a de longues années, chagriné, affligé au
point d'en perdre le sommeil, d'avoir, à la suite d'un exa-
men insuffisant, condamné un candidat malheureux à
renouveler ses épreuves. Examinateur et élève se sont consolés de concert, le jour du succès définif. Vous recon-
naissez bien là l'homme bon, bon par excellence, non d'une
bonté banale qui se prodigue volontiers, mais de celle qui,
venant du cœur, va droit au cœur.

Je fais violence à mes sentiments les plus chers d'amitié
et de gratitude, en me taisant sur nos rapports personnels.
Pendant près de quarante années d'intimité et de commerce

journalier, pas un instant de froideur ou d'indifférence.
Une constante égalité d'humeur, une bonhomie charmante,
un accueil toujours empressé, des témoignages incessants
d'intérêt et d'affection, une absence complète de hauteur et
de prétention d'aucune sorte. Tel il s'est montré à vous
tous, tel il n'a pas cessé d'être un seul instant pour ses
collègues et ses collaborateurs. Sa physionomie aimable et
souriante, qui reflétait les qualités de son esprit et de son
cœur, ne s'effacera jamais de notre souvenir. Nous qui lui
avons été fidèles pendant sa vie, nous resterons fidèles
après sa mort, à lui, à sa digne et excellente compagne et
à tous les siens.

Adieu, cher et vénéré maître, adieu.

DISCOURS

PRONONCÉ PAR M. ISAAC LÉVY

Grand rabbin de Bordeaux.

———

Messieurs,

Je vous demande pardon de ne pas vous laisser sous l'impression des magnifiques paroles que vous avez entendues. J'aurais aimé à laisser gravée dans votre mémoire et votre cœur l'image du vénéré et à jamais regretté chef de la synagogue française, telle qu'elle a été tracée de main de maître par les éminents orateurs qui m'ont précédé.

Mais vous trouverez tout naturel que le rabbinat de la province vienne unir sa voix à celle du rabbinat parisien dans le triste concert de plaintes qui s'élèvent autour de ce cercueil, et je dois au privilège peu enviable de l'ancienneté l'honneur de porter la parole au nom des grands rabbins et rabbins accourus de tous les points de notre pays pour offrir à celui qui fut pour eux un supérieur si modeste, si bienveillant, si affectueux, le tribut de leurs regrets et de leurs larmes.

J'ai parlé de modestie. C'est là une vertu assez rare. On la trouvait pourtant chez le vénéré grand rabbin du Consistoire central. Si d'autres avaient possédé ses talents; si d'autres avaient écrit avec cette rare élégance qui distinguait toutes les productions de sa plume; si d'autres avaient parlé, comme lui, avec cette éloquence forte et entraînante qui remuait si profondément les âmes; si d'autres avaient joint, comme lui, au don d'émouvoir les cœurs et à celui d'exprimer des pensées élevées dans un beau langage, la connaissance approfondie de l'Écriture sainte et de ses commentaires; si d'autres avaient été placés, comme il l'était, au sommet de la hiérarchie sacerdotale, l'orgueil serait peut-être entré dans leurs cœurs. Mais lui, il a su rester humble, et il accueillait avec la plus grande affabilité tous ceux qui se présentaient à lui. Jamais personne, fût-ce le plus pauvre, le plus dénué de nos frères, n'a été blessé par ses dédains, froissé par sa hauteur. Il est à peine besoin de dire que tous les membres du rabbinat, même les nouveaux venus dans la carrière, étaient traités par lui comme des collègues, et que, dans ses rapports avec eux, le supérieur s'effaçait, l'ami seul restait.

Mais ce n'est pas seulement par son exquise politesse envers tous, par l'accueil amical qu'il réservait à tous que se manifestait la bonté de son cœur. Son obligeance ne connaissait point de bornes. Tous ceux qui recouraient à sa protection étaient sûrs de l'obtenir. Il ne reculait devant aucune fatigue, il multipliait les démarches, il ne se reposait que quand le but était atteint.

Et sa charité, oh! qui en dira l'étendue et la profondeur! Ah! si vous pouviez parler ici, vous dont il a adouci les souffrances et séché les larmes, si vous surtout, pauvres honteux, qui n'osiez confier qu'à lui le secret de votre infortune, vous pouviez nous faire connaître les miracles qu'il a accomplis en votre faveur, si vous pouviez nous apprendre par quelles pressantes sollicitations il parvenait à intéresser à votre sort de généreux coreligionnaires et à vous retirer de l'abîme où vos pieds glissaient déjà, quel admirable concert d'éloges il nous serait donné d'entendre! En quels termes enthousiastes vous célébreriez la grandeur d'âme de votre bienfaiteur ! Mais non, il n'est pas nécessaire que vous rompiez le silence qu'il vous a recommandé. La douleur qui se peint sur vos visages, les larmes que vous répandez parlent pour vous et nous disent assez haut que vous perdez aujourd'hui un père, un père rempli pour vous de sollicitude et de tendresse !

Il était un père aussi pour ceux qui étaient placés sous ses ordres. Il s'intéressait vivement à eux ; il prenait part à leurs joies et surtout à leurs peines, et son concours le plus actif leur était acquis quand il pouvait leur être utile.

Permettez-moi, messieurs, d'apporter ici, à l'appui de ce que je viens de dire, un souvenir personnel. Quand notre malheureux pays sortit vaincu et mutilé de la terrible lutte qu'il eut à soutenir ; quand deux de nos plus importantes circonscriptions consistoriales furent détachées de la patrie ; quand mon collègue de Metz, de regrettée mémoire, et moi, nous fûmes menacés de perdre ce beau titre de Français dont nous aimions à nous parer, auquel nous tenions par toutes les fibres de notre âme, le grand-rabbin de France joignit ses énergiques efforts à ceux du Consistoire central pour nous conserver notre nationalité. Il ne ménagea rien pour faire aboutir le projet qu'il avait conçu ; il ne cessa de parler, d'écrire, d'agir que lorsque le succès fut assuré.

Il m'a été donné de lui témoigner publiquement ma gratitude, quand il vint honorer de sa visite pastorale le chef-lieu du nouveau Consistoire, créé aux confins de notre chère Alsace. Je considère comme un devoir de déposer aujourd'hui sur son cercueil la nouvelle expression d'une reconnaissance qui ne s'éteindra qu'avec ma vie.

En demandant l'établissement de nouveaux consistoires, le premier pasteur de la synagogue française n'était pas seulement guidé par le désir de seconder les vues de deux grands rabbins qui ne pouvaient se décider à vivre sous la domination étrangère, il obéissait encore à d'autres motifs non moins généreux. Il voulait fortifier la résolution de ces Israélites qui aimaient ardemment la France, qui l'aimaient d'autant plus qu'elle était plus malheureuse, qui ne reculaient pas devant l'idée de quitter pour elle les lieux qui les avaient vus naître, où s'était écoulée leur enfance, où s'exerçait leur activité; de lui sacrifier leurs intérêts et leur affections; mais qu'effrayait pourtant la perspective de ne plus trouver dans leur nouvelle résidence la satisfaction de leurs besoins religieux.

C'est donc par l'amour de la patrie qu'était inspiré, en poursuivant l'œuvre dont je viens de parler, celui en l'honneur duquel nous célébrons cette funèbre cérémonie. Combien ce sentiment était puissant en lui, vous le savez, vous, mes frères, qui en avez entendu parfois sortir de ses lèvres l'expression émue. Nous le savons aussi, nous, qui avons encore présente à la pensée l'admirable lettre pastorale qu'il adressa à ses coreligionnaires au lendemain des événements désastreux qui arrachèrent à la France une partie de ses enfants. En quels termes touchants il parlait de cette chère Alsace-Lorraine où il était né. « Où est, disait-il, notre berceau, où sont les tombeaux de nos ancêtres? » Ah! comme nos larmes coulèrent abondantes et amères quand, dans le pays même dont il déplorait si vivement la perte, nous lisions ces pages plaintives où il exhalait sa douleur! Comme notre âme vibrait à l'unisson de la sienne? Mais nous ne pleurions pas seulement avec lui sur le passé; avec lui aussi nous nous remettions à espérer en l'avenir. Sa foi inébranlable dans les hautes destinées de la France fortifia notre foi; son courage ralluma le nôtre.

Faut-il vous parler maintenant des immenses services qu'il a rendus à votre grande communauté, au magnifique développement de laquelle il a si puissamment contribué?

Faut-il énumérer devant vous les nombreux titres qu'il s'est acquis à l'éternelle reconnaissance de la Synagogue française, dont la grandeur était sa préoccupation constante? Faut-il vous rappeler sa vive et incessante sollicitude pour le Talmud-Torah et le Séminaire? Tout cela a été dit mieux que je ne saurais le dire, et mes paroles ne vous offriraient qu'un pâle reflet de ce que vous avez entendu.

Mais ce que je passe sous silence n'en est pas moins gravé dans nos cœurs. Nous n'oublierons jamais, je le dis en mon nom, je le dis au nom de mes honorables collègues, qui, certainement, ne me démentiront pas, je le dis au nom du Consistoire de la Gironde, que j'ai l'honneur de représenter ici et qui m'a chargé d'exprimer à la famille éplorée, à la première administration de notre culte, la part bien sentie qu'il prend au deuil cruel qui frappe aujourd'hui la Synagogue de France et le judaïsme tout entier. Non, nous n'oublierons jamais le fidèle serviteur de Dieu, le patriote ardent, l'ami de l'humanité dont nous allons nous séparer. Ses vertus lui ont élevé dans nos cœurs un monument impérissable.

Oui, cher et vénéré maître, nous conserverons pieusement votre souvenir, et, s'il ne nous est plus donné d'entendre votre voix, si nous ne pouvons plus recevoir vos sages conseils, les exemples que vous nous avez donnés, et dont nous garderons fidèlement la mémoire, seront notre guide et notre lumière; ils nous conduiront vers Dieu, ils nous conduiront vers ces régions pures et sereines de l'éternité où vous êtes certainement admis à cette heure, et où s'est déjà réalisée pour vous cette parole de l'Écriture : « Dites aux justes qu'ils sont heureux, car ils jouiront du fruit de leurs œuvres! » *Amen!*

ALLOCUTION

PRONONCÉE PAR M. ISAAC BLOCH

Grand rabbin d'Alger.

MES FRÈRES,

Au nom du rabbinat de l'Algérie, au nom des consistoires d'Alger, d'Oran et de Constantine, je viens, à mon tour, déposer sur ce cercueil un suprême hommage. Le coup, longtemps suspendu, qui ravit à la Synagogue française son chef bien-aimé, a trouvé en Algérie un écho douloureux, et j'ai la triste mission d'exprimer ici les regrets d'une nombreuse et lointaine population. Par delà la mer, le nom du grand rabbin Isidor est populaire au même degré que celui de Crémieux, son illustre ami. La reconnaissance publique y conserve avec une égale piété ces deux noms, que le retentissant procès de Saverne rapprocha jadis pour la première fois et que la postérité ne séparera jamais.

D'où vient donc, mes frères, que sous l'humble toit de l'Israélite algérien, le pasteur modeste et pacifique n'était pas moins connu, pas moins aimé que l'orateur fougueux, que l'homme politique acclamé, dont la courageuse initiative assura à 35,000 individus le titre glorieux et ambitionné de citoyens français?

C'est que, dès la première heure et avec une intelligence supérieure de son rôle, le pasteur s'efforça de compléter progressivement l'œuvre improvisée du membre de la Dé-

fense nationale. L'un appela le judaïsme algérien à l'existence civile et politique, l'autre lui enseigna les devoirs nouveaux qui correspondaient à ses droits nouveaux. L'un, sup-
primant le statut personnel qui régissait encore les Israélites
de l'Algérie, les plaça, du jour au lendemain, sous l'empire
de la loi commune, au risque peut-être de froisser des intérêts respectables et de bouleverser des habitudes invétérées ;
l'autre leur prêcha, au nom de la religion, la nécessité
d'acheter un bienfait immense au prix de quelques sacrifices
temporaires et de se montrer, par le progrès de leurs mœurs
et de leurs idées, dignes de la grande patrie française. Et
pendant que le Consistoire central, avec l'appui du gouvernement de la République, réglait administrativement le sort
de ces populations et créait parmi elles trois rabbinats com-
munaux, le grand rabbin Isidor, élevé depuis peu d'années
à la dignité suprême, leur adressait ces lettres pastorales de
1871 et 1873, si sages, si touchantes, si persuasives, où res-
pire un patriotisme ardent, et dans lesquelles, faisant un
retour mélancolique sur des désastres dont il ne s'est jamais
consolé, il exprimait l'espoir qu'elles remplaceraient dans
son cœur paternel les pieuses, antiques et belles communautés d'Alsace-Lorraine.

Si ses efforts furent couronnés de succès, si sa voix fut
écoutée, si le judaïsme algérien, émancipé et relevé, peut
aujourd'hui marcher de pair avec celui de la métropole, il
le doit, en partie, au grand-rabbin Isidor, qui déploya dans
son activité pastorale deux qualités maîtresses, deux qualités
précieuses chez un chef spirituel : une bonté inépuisable et
une tolérance exquise. A lui peuvent s'appliquer ces belles
paroles de la Bible : ‏תומיך ואוריך לאיש חסידך‎.

Perfection morale et perfection intellectuelle sont l'apa-
nage du juste, car il ne possédait pas seulement la raison
éclairée qui voit le bien, mais encore la charité dévouée qui

aime à le pratiquer. Quelle influence, mes frères, ne dut pas exercer au loin sur nos populations si sensibles, si prime-sautières, cet homme simple et bon , qui accueillait avec la même grâce enjouée les grands et les petits, et dont la maison hospitalière, dirigée par son incomparable compagne, fut un centre d'attraction pour tous ceux qui le connaissaient!

Mais le secret de sa force fut surtout, mes frères, dans cette raison éclairée dont j'ai parlé et qui, pendant vingt ans qu'il présida aux destinées de la Synagogue française, inspira visiblement toute sa conduite. Strictement orthodoxe en France, il était partisan résolu des réformes en Algérie. Ennemi de ces innovations imprudentes qui n'ont pas de racine dans notre passé religieux, il l'était aussi, et très sincèrement, de ces abus surannés engendrés par des croyances superstitieuses et dont le moindre danger est de dénaturer la religion. Mais ses idées, il les recommandait, il ne les imposait pas. Les résistances qui se produisaient, il les combattait par la persuasion, et non par les armes spirituelles dont il disposait. Il respectait la discussion, il aimait la liberté. Soutenu par ses conseils, agissant sous son inspiration discrète, le rabbinat français en Algérie, qui a tant d'écueils à éviter, se distingue par cette sage tolérance, conquête de l'esprit moderne, superbe glorification de Dieu et de la religion.

Tel est le guide éminent, mes frères, que les Israélites d'Algérie, avec ceux de France, ont perdu. Rabbins et fidèles, riches et pauvres, le pleurent dans toutes les communautés du territoire. Et ce ne sont point de ces larmes banales que la religion nous fait un devoir de répandre sur la tombe du juste : non, elles jaillissent spontanément des cœurs pénétrés d'amour, de respect et de reconnaissance. Elles se mêlent à celles d'une veuve désolée, dont l'abnégation adoucit ses derniers jours, à celles d'un fils et d'une fille, pour qui son nom sera toujours un titre de gloire.

Quant à lui, serviteur fidèle de Dieu, modèle des hommes, il s'en va, rassasié d'années, sa noble tâche accomplie, sûr de trouver là-haut sa récompense, ici-bas vénéré, regretté, inoubliable. *Amen!*

DISCOURS

PRONONCÉ PAR M. N. LEVEN

Vice-président du Comité central, au nom de l'*Alliance israélite*.

Je ne veux pas laisser fermer cette tombe sans dire, au nom de l'*Alliance israélite universelle*, un dernier adieu à M. le grand rabbin Isidor.

Il fut notre président d'honneur, notre collaborateur assidu, mieux encore, il fut l'un des précurseurs de l'*Alliance*.

Le judaïsme, à l'époque où il est né, avait, malgré la Révolution française, encore à lutter, un monde de préjugés à renverser, des générations nouvelles à instruire, à élever.

Tâche difficile, mais à laquelle M. le grand rabbin Isidor devait travailler utilement : il avait une âme généreuse, enthousiaste du bien, une volonté forte, de puissantes facultés intellectuelles.

La résistance au serment *more judaïco* fut sa première épreuve, en Alsace, dans son humble rabbinat de Phalsbourg. Il la soutint dignement avec l'appui de Crémieux, qui prononça dans cette circonstance un plaidoyer admirable, et, grâce à leurs efforts communs, l'odieuse pratique du serment *more judaïco* disparut bientôt.

C'était un service rendu au judaïsme français ; il profitait aux Israélites de tous les pays, dans un temps où l'exemple de la France était si puissant au dehors.

Quand, plus tard, le grand-rabbin Isidor eut la charge de l'important rabbinat de Paris et qu'il eut à veiller au développement des nombreuses institutions israélites de notre ville, il n'oublia pas ses coreligionnaires opprimés et malheureux des autres pays ; il ne se résignait pas à leurs souffrances, et, toutes les fois que la persécution s'appesantit sur eux, on le trouva prêt à les défendre, à les secourir.

Il regrettait de ne pouvoir faire assez pour eux, assez pour ces nombreux fugitifs qui venaient, à toute époque, demander un asile à notre pays hospitalier. Il regrettait que cette assistance ne fût pas organisée.

La création de l'*Alliance* le réjouit ; il fut immédiatement avec elle, il entra dans son comité, heureux d'y trouver Crémieux, qu'il aimait autant qu'il l'admirait, et des collaborateurs qui, tous, étaient ses amis. Il prenait plaisir aux travaux de l'*Alliance ;* il eut une part active dans une œuvre qui, faite pour tous ceux qui souffrent de l'intolérance et de la persécution, est toujours prête à les secourir, à les relever, à leur donner l'instruction et l'instrument de travail, et qui répondait si bien à son esprit large, à son ardente charité, aux habitudes de sa vie.

Qui de nous ne se rappelle M. le grand rabbin Isidor à nos assemblées générales ? Crémieux y parlait, il y parlait aussi ; il avait parfois de magnifiques inspirations : elles lui venaient du cœur. Il savait communiquer à ses auditeurs l'ardeur dont il était animé pour le bien.

M. le grand rabbin Isidor est resté plus d'un quart de siècle au milieu de nous, aussi longtemps que sa santé le lui a permis. Il venait encore quand elle était déjà atteinte. Il opposait son infatigable activité au mal qui le saisissait ; la maladie a triomphé, hélas ! nous l'avons perdu ; nous ne le reverrons plus ; et, si cette pensée nous attriste, notre tristesse s'augmente encore de tous les souvenirs d'une ancienne amitié.

Que cette amitié avait de charmes! Comme il était affable et bon! Comme on aimait sa franchise, sa parole chaude et cordiale! Comme il se donnait à ses amis! Comme on se donnait volontiers à lui! Quand la mort nous enlève ces vieilles et profondes affections, le cœur est brisé, et l'on se demande avec inquiétude : Qu'est-ce donc que la vie? M. le grand rabbin Isidor, s'il pouvait parler, nous dirait que c'est la pratique austère du devoir. Ce précieux enseignement est celui que nous donne sa vie tout entière. Acceptons-le avec respect, c'est encore une manière d'honorer la mémoire de l'homme que pleure le judaïsme entier.

DISCOURS

PRONONCÉ PAR M. LEHMANN

Rabbin adjoint à M. le grand rabbin de Paris.

Je viens adresser un suprème adieu à celui qui fut l'ami
dévoué, le parent vénéré de mon vénéré père, mon guide, mon
protecteur, mon second père, un suprème adieu au nom de
sa famille, au nom de ceux qui l'ont tendrement aimé ! La
famille de M. le grand rabbin Isidor ! Vous étiez sa famille, vous aussi, MM. les grands rabbins et rabbins de
Paris et de France, qui, d'un élan spontané et unanime,
êtes venus, de partout, déposer sur cette tombe le tribut de
vos larmes, vos touchants et éloquents regrets, vous qu'il
accueillait toujours avec une joie si cordiale, avec une grâce
si aimable, avec une si affectueuse aménité, avec une si charmante bonté ! Vous étiez sa famille, vous aussi, foule innom-
brable קהל גדול יבאו הנה, vous dont il a, dans son long et glorieux sacerdoce, consacré les joies, partagé les douleurs,
soulagé les souffrances, vous tous qu'il a consolés, qu'il
a bénis, qu'il a aimés ! Vous étiez sa famille, enfants de
Phalsbourg, petite communauté toujours chérie où, bien
jeune, il a rempli, pour la première fois, et avec tant
de cœur, et avec une supériorité bientôt si éclatante, les
devoirs du ministère sacré : vous l'aimiez comme un
père et vous étiez ses enfants de prédilection ! Vous étiez
sa famille, communautés de France, vous dont il encou-
rageait, dont il soutenait, dont il fomentait, avec tant

d'ardeur, les développements, les progrès, au milieu desquelles, au nord, au midi, à l'est et à l'ouest, avec un zèle infatigable, il allait porter, chaque année, sa puissante, son entraînante parole, et où, partout, il rencontrait les amitiés les plus fidèles, les plus cordiales, les plus dévouées! Il m'a fait plus d'une fois l'honneur de me permettre de l'accompagner. Ah! comme il était accueilli, l'hôte attendu, l'hôte vénéré, le pasteur éminent qui, dans les communautés les plus éloignées, les plus humbles, venait parler avec tant d'effusion, avec des accents d'une grandeur et d'un charme inouïs, des questions qui agitent, qui émeuvent le monde! Son éloquence simple, familière, touchante savait, même dans les élans les plus sublimes, rester à la portée de toutes les intelligences, répandait dans toutes les âmes une lumière, une chaleur bienfaisantes, et jaillissant à flots limpides de son cœur, entraînait, ravissait tous les cœurs!

Mais, dans le grand deuil de la Synagogue française, nous ressentons, avec une amertume plus poignante encore notre deuil, nous, ses enfants, nous qui avons vécu à son foyer, qu'il a comblés sans cesse des témoignages de son incomparable, de son inépuisable affection, — et notre deuil, à nous, est sans consolation et sans fin! C'est le cœur brisé que nous vous disons adieu, ô notre maître, ô notre pasteur chéri! adieu, au nom de celle qui, à son foyer dévasté, pleure son bonheur à jamais détruit! adieu, au nom de vos enfants désolés! adieu, au nom de toute cette famille, dont vous étiez, cher monsieur Isidor, l'honneur, la lumière et la joie, le chef vénéré, bien vénéré, oui, mais encore plus aimé! adieu! והלך לפניך צדקך וכבוד ה' יאספך.

ORAISON FUNÈBRE

(הספד)

PRONONCÉE PAR M. MICHEL A. WEILL

Ancien grand rabbin.

> O mon frère! je suis affligé, profondément affligé
> à cause de toi, ton amitié était pour moi si pleine
> de charmes! (II. SAMUEL, I. 26.)

MES CHERS FRÈRES,

N'ayant d'autre titre à l'insigne, mais périlleux honneur de paraître dans cette chaire, de prendre la parole dans cette convocation sainte que la sincère et inaltérable amitié dont m'honorait le chef vénéré de la Synagogue française, j'ai besoin, ce me semble, de justifier ma sortie momentanée d'une retraite consacrée à l'étude et à la méditation des éternelles vérités de la religion. C'est ce qui me fait invoquer l'exemple de David, de David pleurant publiquement la mort de Jonathan, de celui qui a su conquérir l'immortalité de l'histoire par la grandeur, par l'héroïsme de son amitié. J'ai besoin, en outre, de remercier mes chers collègues, ainsi que les membres de l'administration, de la bonne grâce avec laquelle ils ont accueilli ma demande, dictée par l'unique sentiment du devoir. Je n'igno pas, d'ailleurs, que la tâche que j'entreprends est difficile, si difficile que je crains bien de ne pouvoir m'en acquitter que d'une manière fort insuffisante. Que pourrais-je vous dire, qui n'ait été proclamé déjà sous les voûtes de la Synagogue métropolitaine et sur la tombe du grand rabbin, avec une éloquence et une autorité qui me font également défaut? Que pourrais-je ajouter aux regrets, aux marques de sympathie, aux éclatants témoignages de vénération exprimés par les grands interprètes du rabbinat comme par les représentants les plus élevés de la communauté, venant à l'envi déposer sur le cercueil, j'allais dire sur le lit de repos מנוחה de l'éminent pasteur, la plus précieuse des couronnes, la couronne d'un renom glorieux, impérissable? Et pourtant, je ne désespère pas de faire revivre, de graver dans vos souvenirs la grande figure qui vient de disparaître.

Ah! cette figure rayonnante, ce visage souriant, cette physionomie qui reflétait la bienveillance, la douceur, l'affabilité, nous ne la verrons plus! Nous n'aurons plus la satisfaction, d'après l'assurance prophétique, de contempler les traits du maître bien-aimé. Nous n'avons plus devant nous que son siège vide, enveloppé de voiles funèbres, semblant, comme jadis les murs de Sion, porter le deuil de celui qui l'a occupé avec tant de distinction. Il ne présidera plus à nos prières, à nos actes de piété, aux effusions de nos cœurs contrits ou joyeux, à nos aspirations vers l'idéal de la Bonté et de la Sagesse infinies, les consacrant tantôt par ses exhortations, tantôt par ses bénédictions. Rassurez-vous cependant : l'âme du juste ne se détache pas entièrement de son œuvre; le vrai pasteur ne livre pas à l'abandon le saint troupeau, objet de sa longue et profonde sollicitude. Son esprit continue à résider au milieu de nous, en ce moment surtout où nous osons émettre un jugement sur l'homme et sur son œuvre.

I

Avant d'entrer en matière, laissez-moi vous dire, mes chers frères, que dans la vie religieuse comme dans la vie ordinaire, chaque jour a sa tâche spéciale. Celle que nous remplissons aujourd'hui ne saurait être la simple répétition de la manifestation grandiose qui a marqué le jour des funérailles. Si je ne me trompe, notre tâche présente consiste à tirer les enseignements de l'édifiant spectacle qui alors a frappé nos yeux, le spectacle de l'affliction, de l'émotion, des hommages universels, s'élevant à la hauteur d'un deuil national. Or le premier enseignement qui s'en dégage nous est signalé par un passage du *Talmud,* dont voici les termes : « Quel est l'homme dont on puisse dire sans « hésitation, sans crainte d'être démenti : il possédera la « vie future? C'est celui à qui tout le monde aura fait ap- « plication de ces paroles d'Isaïe : Tes oreilles entendront « murmurer tout autour de toi : voilà le chemin qu'il faut « suivre sans en dévier ni à droite ni à gauche. » Nous avons donc la certitude que Lazare Isidor est entré en pleine possession de la béatitude éternelle, lui dont le convoi funèbre a été accompagné et suivi d'un concert de glorifications, des suffrages approbateurs de la foule, de cette voix du peuple, écho fidèle de la voix de Dieu. Mais nos interprètes de la religion des morts ne s'arrêtent pas là. Dans leur opinion, le corps même des élus, leur dépouille mortelle, cette fragile enveloppe vouée à la décomposition et à la dissolution, garde l'empreinte mystérieuse de son étroite union avec l'essence spirituelle. C'est le fourreau du livre saint, disent-ils dans leur langage imagé, qui a le droit d'être sauvé avec son précieux contenu. Et dans le même ordre d'idées, ils se servent encore d'une autre déno-

mination, de celle d'arche sainte, — ארון הקודש — dé-
cernée au juste à l'heure où il remonte vers sa divine
origine! Les anges et les hommes, nous dit la légende de
l'illustre Rabbi, se disputèrent la possession de l'arche
sainte, et ce sont les anges qui l'emportèrent. — Quant au
vrai sens de cette qualification, il nous est donné par une
autre légende, relative à la mort de Joseph : « On raconte
« que, pendant le long pèlerinage d'Israël à travers le dé-
« sert, on remarquait deux caisses toujours portées côte à
« côte devant le peuple en marche. A ceux qui deman-
« daient ce que renfermaient ces deux coffres, on répon-
« dait : L'une contient le Décalogue, — les deux tables de
« la Loi ; — l'autre, les ossements de Joseph. — Quoi ! se ré-
« crièrent quelques-uns, vous rendez à un mort les mêmes
« honneurs qu'aux saintes tables du Témoignage! — Par-
« faitement, leur répliquait-on, toutes les fois que ce mort a
« fidèlement observé et exécuté les commandements gravés
« sur les tables de pierre. »

Eh bien! mes frères, ai-je besoin de vous confirmer ce
que vous savez tous, qu'à l'exemple de Joseph, non moins
distingué par sa foi, par sa crainte de Dieu que par son
amour filial et fraternel, qu'à l'exemple de Rabbi le Saint,
qui fut tout à la fois le guide spirituel et le bienfaiteur
temporel de son peuple, Lazare Isidor a honoré les deux
tables de la Loi, accompli avec la même ardeur ses devoirs
envers Dieu et ses devoirs envers le prochain, cultivé avec
la même persévérance les deux champs sacrés du vrai et du
bien, possédant, par conséquent, tous les droits au titre
d'arche sainte?

Et ce n'est pas tout, ce beau titre sera, c'est du moins
notre espoir et notre vif souhait, il sera une source de consolation pour sa famille éplorée. Sachez-le bien, vous, ses
chers enfants, et vous surtout, sa vaillante et digne com-

pagne, sachez qu'en prodiguant à l'époux, au père, au chef de la grande famille israélite tous les soins imaginables, en l'entourant d'une sollicitude toujours en éveil, en faisant tout ce qui est humainement possible pour arrêter les progrès d'un mal impitoyable, vous n'avez pas seulement sanctifié et la tendresse conjugale et la piété filiale, vous avez en outre bien mérité de la religion, qui réserve ses bénédictions infaillibles à tous ceux qui se dévouent à la conservation de l'arche d'alliance entre Dieu et Israël !

II

Si je me suis étendu un peu longuement sur la mort et sur l'existence future de Lazare Isidor, c'est que la mort et la destinée du juste occupent une place importante dans la doctrine juive, si souvent dénaturée par une critique superficielle, la Bible plaçant le jour de la mort bien au-dessus du jour de la naissance, appelant Dieu lui-même non pas celui qui fait vivre et mourir, mais celui qui fait mourir et revivre. Nous allons maintenant jeter un coup d'œil sur les travaux de notre cher maître, en nous arrêtant seulement aux côtés principaux de sa carrière.

Comme la plupart de ceux qui sont marqués par le doigt divin pour une mission importante, sociale, morale ou religieuse, Lazare Isidor, dès son entrée à l'école rabbinique, avait comme un pressentiment confus de son avenir : il se sentait une vocation. Quel était l'objet de cette vocation ? La prédication, la mission noble, mais ardue, de parler en public, de faire retentir la chaire de l'écho des accents bibliques, de s'assimiler les qualités de cet apostolat, de faire vibrer chez les fidèles les cordes de la vraie piété, de l'amour de Dieu indissolublement lié à l'amour des hommes, de trouver de ces mots qui, venus du cœur, vont droit au cœur, pareils, dit le

chantre sacré, à des flèches lancées d'une main sûre, d'en-
traîner la conviction par la force irrésistible de la sienne, de
ne lâcher son auditoire que persuadé, dominé, dompté, pétri
comme l'argile entre les mains du potier. Mais je me gar-
derai bien de la prétention de refaire le saisissant tableau
du génie et des facultés oratoires de notre pasteur que vous
a tracé un maître de l'éloquence sacrée. Je me bornerai à
vous communiquer un souvenir qui date de bien loin et dont
il ne reste plus aujourd'hui que de rares témoins.

C'était en l'an 1834, à l'école rabbinique de Metz.
L'élève Lazare Isidor prononçait son premier sermon à l'oratoire de l'école. Or, je puis bien affirmer que ce début fut
toute une révélation. Tous les assistants se sentirent enlevés
par cette jeune mais déjà puissante parole, qui ne ressem-
blait pas peu à cette source miraculeuse entrevue par Ezéchiel, cette source qui, mince filet à son point de départ, ne
tarde pas à prendre les proportions d'un large fleuve, arro-
sant de ses eaux bienfaisantes les deux rives de la terre promise.

On vous a dit encore que ses sermons étaient plutôt des
actes que des discours, conformément à l'adage des Pères de
la Synagogue : c'est moins à la théorie qu'à la pratique qu'il
importe de s'attacher. A cet égard je vous demanderai la
permission de citer encore un fait, qui ne doit pas passer
inaperçu. Dans le courant de l'une des premières années de
l'exercice de ses fonctions spirituelles à Paris, il prêchait un
jour de sabbat à cet office de Minha, qui fut une de ses plus
fécondes créations et l'un de ses meilleurs titres à la reconnaissance de la Synagogue. En sortant du temple, il est suivi
par un inconnu qui sollicite de lui un moment d'entretien.
Lazare Isidor l'emmène chez lui, l'engage à s'expliquer. Et
l'étranger de lui faire alors la confession suivante : « Je viens
« de vous entendre parler avec tant de chaleur et de convic-
« tion de la grandeur du judaïsme, de l'élévation de sa doc-

« trine, de la pureté de sa morale, que j'ai été saisi de
« remords, car je suis un grand coupable. Je me suis emparé
« du bien d'autrui ; j'ai dérobé, j'ai volé, et je viens vous
« supplier de m'aider à réparer ma faute, en vous chargeant
« de la restitution à son propriétaire du fruit de mon ini-
« quité. » Assurément, mes frères, vous pensez avec moi
que ce fait peut se passer de tout commentaire. C'est un
véritable triomphe remporté par l'organe autorisé de la religion sur les infirmités et les défaillances humaines. C'est
une œuvre de salut social, dans l'opinion de nos maîtres :
Sauver une âme, disent-ils, c'est sauver un monde.

Au surplus, il nous a fait connaître lui-même sa façon
d'entendre la prédication ; il nous l'a révélée par le choix
de la devise qui constitue la légende de son portrait, devise
tirée des psaumes, et qui peut se traduire ainsi : « J'an-
« nonce dans les grandes assemblées l'équité, la probité, la
« charité, le noble désintéressement, car telle est la signifi-
« cation multiple du terme (צדק). » Oui, cher et regretté
ami, tu avais bien le droit de t'approprier cette devise, droit
conquis par cinquante ans d'application et de mise en pratique, prenant pour modèle constant cet autre Eléazar, loué,
célébré, pour n'avoir jamais séparé le précepte de l'exemple.

III

Cependant si utile, si importante que soit la prédication,
de nos jours surtout où elle reste seule debout sur les ruines
de l'ancien *Beth Hamidrasch*, elle n'est pas l'unique moyen
dont dispose le chef du culte à titre de conseiller ou d'ini-
tiateur de la maison de Jacob. Il en est un autre fréquemment et habilement mis en usage par les ministres des autres
cultes. Il s'agit de l'instruction pastorale qui, sous des déno-
minations diverses, — lettre, mandement, encyclique, etc.,

— joue un rôle considérable dans les rapports des représentants du catholicisme avec leurs ouailles. Ils s'inspirent de la tradition de l'apôtre des Gentils et de ses fameuses épitres. Or ces épîtres ne cessent d'invoquer l'autorité des textes et du langage bibliques; ne serait-il pas à désirer que les porte-voix du judaïsme recourussent moins rarement à ce mode de vulgarisation et de propagande dont le grand prophétisme s'est servi avec tant d'éclat, quand, des hauteurs de Sion, il annonçait non seulement à Israël, mais au monde, les conditions du gouvernement providentiel et le triomphe final du monothéisme.

Aussi suis-je heureux de constater que Lazare Isidor n'a pas négligé cet instrument du gouvernement des esprits. Il nous a laissé des modèles de ce genre d'enseignement, remarquables par ce style chaleureux et plein d'onction dont il avait le secret. Une mention spéciale est due aux adieux qu'il adressa sous cette forme à nos infortunés coreligionnaires d'Alsace-Lorraine, violemment séparés de nous et de la mère patrie. Dans cette épître mémorable qui, sur plus d'un point, rappelle la lettre adressée par Jérémie aux exilés de Babylone, il prodigue le baume de Guilaad à nos frères frappés à la fois dans leurs intérêts, dans leurs affections et dans leur patriotisme si vivace. Ce cri de commisération, ce témoignage d'une paternelle sollicitude eut un grand retentissement dans le pays annexé et lui valut la plus belle des récompenses, le sentiment de gratitude que l'on doit aux grands consolateurs des peuples.

IV

Vous savez, mes frères, que, si la perfectibilité est de ce monde, il n'en est pas de même de la perfection absolue. Celle-ci n'appartient pas à l'homme ici-bas, pas même aux saints, pas mêmes aux anges. Il ne faudra donc pas s'étonner si le concert de louanges offert à Lazare Isidor est troublé par une note discordante, expression de la réserve et de la critique. Nous manquerions aux obligations de la véritable amitié, celle que nous prescrit l'Écriture, si nous ne tenions nul compte de cette critique, la seule d'ailleurs qui ait été formulée contre lui. Quelques esprits sévères, sans méconnaître les éminents services rendus par lui à la cause israélite par sa charité, son activité et sa puissante initiative, lui reprochent de n'avoir pas fait la part assez large à la direction essentiellement spirituelle confiée à sa haute autorité. Ils prétendent qu'à la tâche si complexe de la bienfaisance publique et privée, d'une prédication à jet continu, si l'on peut s'exprimer ainsi, d'une active correspondance avec la France et l'étranger, d'une participation obligée à l'administration des institutions religieuses et morales qu'il avait aidé à fonder ou à développer, ils prétendent qu'à cette tâche, si lourde pour un seul homme, il devait joindre encore l'étude assidue, la méditation, voire même la solution des grandes questions religieuses qui, on ne saurait se le dissimuler, sollicitent l'attention la plus sérieuse du corps rabbinique. On pourrait répondre à ces censeurs par l'aphorisme traditionnel, à savoir qu'un ange même ne peut remplir deux missions à la fois, à plus forte raison un simple mortel aux facultés strictement limitées. Toutefois, prise dans un sens général et abstraction faite de toute personnalité, cette réclamation ne saurait être repoussée par une fin de non-recevoir absolue.

Il ressort avec évidence de la lettre et de l'esprit de nos livres saints, de nos traditions comme de notre histoire, que c'est la Thora qui revendique la priorité dans la conscience du rabbin. C'est la Thora qui est l'alpha et l'oméga de toute vocation sacerdotale. C'est la Thora, disent nos maîtres,

qui est antérieure au monde et la raison d'être de son existence. C'est la Thora qui, aux termes de la doctrine cos-
mogonique, a servi de plan à l'œuvre de la création, plan
consulté et rigoureusement suivi par l'architecte suprème.
C'est la Thora qui est aux commandements particuliers ce
qu'est la divine propriété de la lumière à la faible clarté
d'une lampe. C'est la Thora qui, à elle seule, fait contre-
poids à l'ensemble des prescriptions pratiques, non pas pour
les remplacer, mais pour les éclairer et en régler l'exé-
cution.

Reste la difficulté de mener de front la théorie et la pratique, l'étude et les bonnes œuvres, de concilier les nécessités du rôle de l'homme d'action avec celui d'hôte assidu du
cabinet, de la tente, comme dit la tradition, tente de Jacob,
tente de Moïse, tente d'Assignation, tente que le ministre
du Très-Haut est tenu de visiter chaque jour jusqu'à celui
de sa mort; c'est encore la Thora qui nous indiquera le
moyen de l'amoindrir, sinon de la supprimer. Quand Moïse
était assis tout seul pour rendre justice au peuple, son beau-
père Jethro ne lui conseilla-t-il pas d'alléger le fardeau
par le partage de la responsabilité? Lorsque plus tard il se
plaint lui-même de ne pouvoir suffire à sa tâche, Dieu ne
lui propose-t-il pas la formation d'un grand conseil, chargé
de porter avec lui le poids du gouvernement? Le Talmud,
à son tour, n'insiste-t-il pas énergiquement sur l'obliga-
tion qui s'impose aux interprètes de la loi divine de se con-
certer, d'échanger leurs idées, de mettre leurs lumières en
commun, infligeant un blâme sévère à ceux qui préféreraient
l'isolement à cette association féconde? Eh bien! mes frères,
cette association, objet de recommandations si pressantes,
cette association qui a été la sauvegarde d'Israël au sein
d'une dispersion sans exemple, cette association qui a renou-
velé le miracle d'Ezéchiel, opéré la résurrection des osse-

ments desséchés de la maison d'Israël, elle a été la grande, la suprème inspiration des travaux de Lazare Isidor.

Peu de temps avant la crise fatale qui devait assombrir la fin de sa vie, il rédigea un questionnaire embrassant dans son ensemble la situation du judaïsme en France, religieuse, morale, administrative et financière. Pour mener cette enquète à bonne fin, il recourut à cette association dont il vient d'être question, en faisant appel au concours, à la collaboration de tous les membres du rabbinat français. Jaloux d'assurer à ce travail tout le caractère d'une œuvre collective, il les autorisa à formuler des vœux et des propositions en dehors des questions posées. Après avoir recueilli les informations demandées, il se chargea lui-même de la rédaction du rapport général, destiné à résumer et à faire aboutir les propositions émises. Il allait y mettre la dernière main et le livrer à la publicité, lorsqu'il reçut la première atteinte de cette secousse terrible qui allait ébranler si fortement ses facultés et sa volonté. Comme à Moïse, Dieu lui refusa l'achèvement de la tàche qu'il s'était tracée. Mais, comme Moïse encore, il a laissé un document, j'allais dire un testament, qui pourra servir de phare lumineux à ses successeurs. Et cette étude, cette consultation n'est pas un soin purement facultatif, mais obligatoire, si nous comprenons bien la pensée de l'une des plus profondes leçons de notre Agada, attribuant à chacune des personnalités marquantes du judaïsme, d'Abraham à Isaac, d'Isaac à Jacob, de Jacob à Moïse, de Moïse à David, et ainsi de suite jusqu'aux générations les plus reculées, lui attribuant, dis-je, la glorieuse mission de reprendre l'œuvre de salut et de bénédiction au point où l'a laissée son prédécesseur.

Arrivé au terme de cette esquisse si imparfaite de la carrière de Lazare Isidor, où je me suis efforcé surtout de vous montrer la belle et harmonieuse unité d'une vie consacrée tout entière à la religion, à la morale, à la charité, à la fière revendication des droits, mais aussi des devoirs de la communauté juive, je suis certain d'être l'organe de cette assemblée sainte en lui appliquant le jugement prononcé par un Père de la Synagogue : « Heureuse la vieillesse qui a confirmé les brillantes espérances de la jeunesse ! »

Fort de ce jugement, ratifié par l'opinion publique, par tant de témoignages dont il me semble entendre encore le son prolongé, tu peux aller rejoindre sans honte ni confusion tes bienheureux prédécesseurs. Ils viennent au-devant de toi pour te souhaiter la bienvenue et t'introduire dans l'Académie céleste (ישיבה של מעלה). Ils viennent t'annoncer que le souhait, que tu as exprimé le jour même de ton installation dans les fonctions de grand rabbin du consistoire central, est exaucé. Tu prenais pour texte de ton sermon les promesses faites par l'archange au grand pontife Josué en ces termes : « Si tu gouvernes bien ma maison, si tu surveilles consciencieusement les abords de mon sanctuaire, je te donnerai accès parmi ceux qui sont debout. » — Eh bien ! oui, cher ami, maître bien-aimé, tu vas prendre rang parmi ceux qui sont toujours debout, c'est-à-dire toujours prêts à défendre, au ciel comme sur la terre, la cause de la justice, de la vérité, de la gloire divine, de la mission d'Israël auprès de l'humanité sous l'invocation du Dieu Un. *Amen !*